REINALDO DOMINGOS

NIGO EM

O SUMIÇO NA BIBLIOTECA SAFIRA

ILUSTRAÇÕES: SABRINA ERAS

PRESIDENTE
REINALDO DOMINGOS

DIRETORA PEDAGÓGICA
ANA ROSA ORELLANA VILCHES SOPRANI

EDITORA DE TEXTO E PROJETO EDITORIAL
RENATA DE SÁ

DIRETORA DE ARTE
CHRISTINE BAPTISTA

DIAGRAMAÇÃO
BEATRICE JACOB

ROTEIRISTA
DANIELA NASCIMENTO

REDATORA
HELOÍSA JUNQUEIRA DE NORONHA

EDITOR
ANDREI SANT'ANNA

ILUSTRADORA
SABRINA ERAS

REVISORA
PATRÍCIA DOURADO

DADOS INTERNACIONAIS DE CATALOGAÇÃO NA PUBLICAÇÃO (CIP)
(CÂMARA BRASILEIRA DO LIVRO, SP, BRASIL)

Domingos, Reinaldo
O sumiço na biblioteca safira / Reinaldo Domingos;
ilustração Sabrina Eras. -- São Paulo :
Editora DSOP, 2018.

ISBN: 978-85-8276-322-3

1. Dinheiro - Literatura infantojuvenil
2. Finanças - Literatura infantojuvenil I. Eras,
Sabrina. II. Título.

18-19085 CDD-028.5

ÍNDICES PARA CATÁLOGO SISTEMÁTICO:
1. Literatura infantil 028.5
2. Literatura infantojuvenil 028.

Escrita por Reinaldo Domingos, PhD em Educação Financeira, esta história conta, a partir do ponto de vista de Nico, um menino empreendedor, filho do meio do casal Paulo e Maria, que existem sonhos materiais e, principalmente, que existem sonhos não materiais, aqueles que não precisam de dinheiro para serem realizados. Embasados na Metodologia DSOP (Diagnosticar, Sonhar, Orçar e Poupar), os personagens procuram nos ensinar, de forma lúdica, como encarar desafios, resolver conflitos e realizar sonhos de uma maneira bastante envolvente e buscando o que cada membro da família tem de melhor para oferecer.

A obra foi desenvolvida de modo que a criança contribua para a construção do livro. Por isso, a todo momento, ela é convidada a participar da história, seja por meio de uma reflexão sobre determinado assunto, seja ao precisar completar um desafio para seguir adiante com a leitura. As ilustrações, feitas em pixel art, lembram as telas de um videogame, o que reforça ainda mais a proposta de fazer com que a criança avance somente após "passar de tela", isto é, depois de solucionar o desafio daquela página.

Complementar à *Coleção dos Sonhos para Educação Financeira*, o livro *O sumiço na Biblioteca Safira* foi desenvolvido e fundamentado na neurociência, o que contribui para ensinar o tema Educação Financeira em conjunto com as disciplinas curriculares. Além disso, o material tem como proposta aprofundar as questões já trabalhadas na coleção, além de valores como amizade, companheirismo, família, autonomia e diversidade. É uma obra que se adequa ao projeto pedagógico das instituições de ensino, possibilitando ser trabalhada de forma interdisciplinar.

Para saber mais, acesse o canal Dinheiro à Vista no YouTube. Lá você encontrará um conteúdo exclusivo para o aprimoramento e reforço da Educação Financeira, com temas diversificados que agregam valor aos conceitos e práticas a serem implementados.

Canal Dinheiro à vista

ENTRE LIVROS E LEMBRANÇAS

As risadas, os cumprimentos e o burburinho em alto e bom som tomavam conta do pátio, anunciando o início de um novo período letivo na Escola Rubi. Como de costume, Nico, André, Fred, Tomoko e Olívia se sentiam bem animados com a volta às aulas. E ficaram ainda mais entusiasmados quando a professora Auxiliadora anunciou que os alunos fariam um passeio especial em breve. Cada turma teria a oportunidade de conhecer entidades e comunidades que nem sempre eram lembradas pela sociedade.

– *Após o passeio, os alunos deverão me entregar um trabalho escrito e fazer uma apresentação para as outras turmas sobre o local que visitaram. A ideia é compartilhar as impressões com a escola inteira* –explicou a professora.

BEM
VINDOS

Os amigos ficaram supercontentes, pois adoravam realizar tarefas escolares diferentes. Assim que voltou para casa, Nico foi correndo contar a novidade aos irmãos – Lelê e Titi.

Titi, o caçula, acabou de ingressar no segundo ano e comentou, sorrindo:

– *Minha classe também já recebeu a notícia dos passeios, Nico! Muito legal, né? No ano passado, visitamos o orfanato de Guatinga durante a semana do Dia das Crianças, lembra? Toda a turma adorou e pediu para voltar ao mesmo lugar* – disse o garoto.

– *Que pena, desta vez não vou a lugar algum. O Fundamental II tem de apresentar outro tipo de trabalho* – lamentou Lelê, a irmã mais velha, que estava no sétimo ano.

E continuou:

– *Paciência. É o preço que se paga por atingir um grau mais elevado de sabedoria e maturidade* – brincou, piscando para provocar os meninos.

– Ah, é? E que tal essa demonstração de sabedoria e maturidade?
– perguntou Nico, atirando um travesseiro na irmã.

Os três deram início a uma divertida "guerra", logo interrompida por Maria, que apareceu na porta do quarto convocando os filhos para jantar.

Uma semana depois, Nico e Titi fizeram os passeios com os professores e a direção da escola. Como era previsto, as visitas afetaram profundamente as crianças, que voltaram para casa extremamente sensibilizadas com a situação daquelas pessoas. Quando a professora disse que a turma de Nico foi escalada para visitar o asilo de Guatinga, ele gostou da ideia, pois nunca tinha ido a nenhuma casa de cuidados para idosos.

Em casa, os irmãos conversaram sobre a experiência vivenciada naquela tarde.

– *É tão triste saber que existem tantas crianças que não recebem os cuidados de uma família...* – lamentou Titi para Nico.

– *Eu saí do asilo com um nó na garganta, sabia? Alguns velhinhos até têm família,mas os parentes não os visitam há um tempão*
– admitiu Nico.

Antes de dormirem, Nico telefonou para o avô, Amadeu, para contar as novidades.

– *Conversei um tempão com uma senhora, a dona Meire, que me contou que tem uma neta da minha idade, Fernanda, mas não a vê há mais de cinco anos. Ela perdeu o contato com o filho e sonha em reencontrar a neta, mas não sabe como. Não consigo parar de pensar nisso, vovô. Como eu poderia ajudá-la?*

> "Era uma vez uma casa muito grande. Naquela casa, moravam muitas crianças e nenhum adulto. Toda noite, antes de dormirem, as crianças ouviam uma história."

Amadeu refletiu um pouco e logo sugeriu:

– *Por que você não tenta pesquisar alguma informação na internet?*

– *Vou planejar uma nova visita ao asilo para perguntar o nome completo da dona Meire e, quem sabe, descobrir alguma outra pista* – respondeu o neto.

Ao decidir tomar essa iniciativa, Nico adormeceu feliz, pois percebeu que se tratava de uma atitude empreendedora.

Na escola, Tomoko, uma das melhores amigas de Nico, revelou para a turma que tinha tomado uma decisão. Ela contou que estava preocupada com os estudos. Afinal, logo estariam no Fundamental II e tudo seria diferente.

– Como gosto de me preparar para tudo com antecedência, resolvi empreender algumas horas durante a semana para estudar mais um pouco na Biblioteca Safira.

Alguns dias depois, ao procurar um dicionário em uma das prateleiras, Tomoko reparou que havia um aviso no mural sobre um livro desaparecido. A garota achou estranho, pois para retirar qualquer volume da biblioteca era necessário marcar o empréstimo no cartão do aluno. Mas acabou não dando tanta importância para o assunto.

E o mais engraçado – segundo ela – era o bilhete que deixaram no local dos livros.

"As crianças mais velhas liam em voz alta, enquanto as demais escutavam em silêncio, e as únicas luzes acesas eram as dos abajures."

Na tarde seguinte, Tomoko leu outro aviso: mais três livros haviam sumido. Agora ela estava intrigada e lembrou que, no fim do ano anterior, tinha escutado alguma coisa sobre livros desaparecidos, mas não se recordava muito bem dos detalhes.

Depois de alguns dias, o vizinho e melhor amigo de Nico, André, encontrou Tomoko e Nico no corredor da escola. Para variar, André vivia com os radares ligados em busca de qualquer situação suspeita que pudesse virar um novo caso para investigar – ou de pretextos para comprovar suas teorias sobre alienígenas espionando terráqueos.

Na maior parte das vezes, suas suposições não passavam de grandes furadas, mas volta e meia ele até que acertava uma ou outra coisa. Assim que conseguiu, disparou a falar:

– *Desta vez é sério. Tenho algo muito grave para dividir com vocês* – lançou, tentando criar uma atmosfera de suspense. Só que, em vez de arregalarem os olhos de ansiedade, eles suspiraram e deram risadinhas.

– *Preparem-se, deve ser algo que vai mudar os rumos da humanidade* – brincou Tomoko, provocando um riso de Nico.

André prosseguiu, ignorando a reação irônica da colega:

– *Suspeito que alguém esteja tentando controlar os alunos colocando alguma coisa misteriosa na comida da cantina!*

Nico e Tomoko já conheciam bem André. Portanto, sabiam que era mais fácil deixar que o garoto terminasse de explicar a teoria inteira, por mais maluca que fosse, do que tentar interrompê-lo com algum argumento racional.

Sem paciência, Tomoko o cortou dizendo que aquilo tudo era uma grande bobagem e que ela, sim, sabia de um mistério de verdade para investigar: alguns livros estavam sumindo da biblioteca.

– *Vocês não acham isso bem estranho? Como os livros podem sumir? E por quê?* – indagou para os demais.

– *Tomoko, alguém deve ter se esquecido de devolver ou pegado o livro por engano* – opinou André.

Quando os demais chegaram, Tomoko mencionou novamente o desaparecimento e os bilhetes. A garota não sabia o que a deixava mais intrigada e disparou a declamar o novo bilhete encontrado pela bibliotecária. Só que Tomoko não se lembrava do restante da frase.

– *Porém, como eram pobres, as crianças dessa enorme casa tinham poucos livros e rapidamente as histórias acabaram* – disse Titi.

– *Ué, como você...* – Tomoko tentou, mas foi interrompida por Nico.

O garoto comentou com os amigos que queria ajudar dona Meire a encontrar a neta. Olívia se empolgou com a ideia, pois durante a visita ao asilo também havia se encantado com a simpática senhorinha, mas os outros não ficaram entusiasmados. O sinal do fim do intervalo tocou, Titi se despediu, e Nico e os amigos voltaram para a sala de aula.

"Porém, como eram pobres, as crianças dessa casa enorme tinham poucos livros e rapidamente, as histórias acabaram."

No fim de semana, Nico pediu ao pai, Paulo, que o levasse ao asilo novamente.

Enquanto Paulo conversava animadamente sobre futebol com um senhor em um dos bancos do jardim, dona Meire mostrou ao garoto a última carta que tinha recebido da família. Nico aproveitou uma distração da nova amiga e tirou uma foto da carta para tentar descobrir mais sobre a neta dela. As dobras e o tom amarelado do papel indicavam que a carta era antiga.

COMUNICADO

Na manhã seguinte, quando caminhava com Tomoko, Nico reparou no recado estampado no mural da escola.

> **ATENÇÃO:**
> 15 exemplares sumiram da BIBLIOTECA.
> Os estudantes que tiverem alguma informação, devem avisar imediatamente à bibliotecária.

– Viu só, Nico? Temos mesmo um novo caso e bem diante do nosso nariz! Por favor, me ajude a convencer os outros a investigá-lo!

– É, Tomoko, acho que você tem razão... – Eu tenho uma proposta: podemos, é claro, descobrir o que aconteceu com os livros, mas quero também que todos se esforcem para encontrar a neta da dona Meire. É pegar ou largar!

NICO CONTOU DA CARTA (CUJA CÓPIA, ALIÁS, ESTAVA EM SUA MOCHILA), MAS EXPLICOU QUE NÃO DAVA PARA LER NADA. A TURMA PERCEBEU QUE NICO HAVIA TIRADO A FOTO DO VERSO DA CARTA. COMO O PAPEL ERA VELHO E MUITO FINO, DAVA PARA LER ATRAVÉS DELE. PEGUE A CARTA NA PAGINA 97 E ANOTE ABAIXO OS DADOS RELEVANTES. ATENÇÃO: ALGUMAS PISTAS SÓ SERÃO APRESENTADAS AO LONGO DA LEITURA.

Orientação: olhe a carta no espelho.

1) QUEM ESCREVEU A CARTA?

2) QUAL É O NOME DO PARQUE QUE ELES FREQUENTAM?

3) QUAL É O NOME COMPLETO DA AVÓ DA FERNANDA?

4) QUAL É O NOME COMPLETO DO PAI DA FERNANDA?

DE TOCAIA NA BIBLIOTECA

Nico finalmente tinha mais informações para pesquisar sobre Fernanda. Se o pai dela era filho de dona Meire, era provável que a garota chamasse Fernanda Lourenço. E o "F" na assinatura da carta talvez significasse a abreviatura de Fernando. Além disso, Nico também sabia o nome da cidade onde moravam há pelo menos dez anos.

Nico anotou tudo em seu bloquinho e ficou de pedir ajuda ao avô; o garoto começou a planejar um sonho dentro da sua cabeça. Mas, a princípio, resolveu não revelar nada aos demais.

Enquanto isso, na Biblioteca Safira, os agentes montaram um esquema de revezamento para estarem lá no intervalo e no período da tarde. André e Tomoko foram os primeiros a colocar o plano em prática.

Eles decidiram que deveriam verificar melhor a rotina do local: horários de funcionamento, os períodos de maior movimentação, as seções mais procuradas pelos alunos e se existia algum lugar em que alguém pudesse se esconder ou entrar sem ser visto.

Enquanto isso, Olívia, Nico e Fred chegaram à sala de informática minutos antes da aula começar e pediram à professora um dos tablets emprestado. Eles queriam pesquisar o que Nico tinha descoberto sobre a família de dona Meire. Porém, assim que começaram a pesquisa, se depararam com vários obstáculos. O principal foi que a busca apontou várias garotas chamadas "Fernanda Lourenço" e nenhuma delas tinha dez anos de idade.

– *Talvez ela ainda não tenha perfil em rede social* – observou Olívia.

– O jeito é retornar ao asilo e, sem levantar suspeitas, perguntar mais coisas à dona Meire – Nico comunicou à turma.

Assim como o caso de dona Meire, a investigação do sumiço dos livros também não vinha surtindo efeito positivo. Enquanto passavam algumas tardes e os intervalos na biblioteca, os amigos anotavam os nomes das crianças conhecidas ou as características físicas de todos que entravam no local. Essa tática, porém, não estava funcionando, porque ninguém, até aquele momento, demonstrava alguma atitude suspeita.

Nico continuava a aproveitar qualquer tempo livre para pensar em outras formas de encontrar a tal Fernanda. Sentia-se, entretanto, cada vez mais frustrado, porque os dois casos estavam emperrados. Às vezes, Titi procurava o irmão e os amigos na hora do intervalo para lhes perguntar sobre o andamento das investigações.

A turma pedia que ele ajudasse à equipe – uma pessoa a mais faria toda a diferença, ainda mais em casos complicados –, mas Titi sempre argumentava que não tinha tempo para ser agente novamente.

Na semana seguinte, Tomoko viu--se diante de uma surpresa – ou melhor, duas. No mural, além de um novo aviso sobre mais livros desaparecidos, havia um bilhete.

"Do outro lado da rua, havia uma casa e um grupo menor de crianças. Eles tinham de tudo, inclusive uma biblioteca enorme, recheada de livros – **alguns até repetidos** –, e podiam ler e ouvir histórias de reis, princesas e animais da floresta."

– Como eles levaram esses livros bem na nossa cara e não percebemos nada? De que serviu ficarmos de tocaia na biblioteca?
– desabafou com Nico.

– Calma, Tomoko! –Talvez a gente não tenha visto nada porque o roubo não aconteceu enquanto um de nós estava aqui.

– Mas se o responsável pelo sumiço dos livros for alguém do Fundamental II ou do Médio, nossa missão será ainda mais complicada. Não podemos ficar aqui durante o intervalo deles – considerou Nico. *– Precisamos achar outra maneira de coletar informações.*

Tomoko, mais intrigada do que nunca, perguntou à bibliotecária se foi ela que colocou a mensagem no mural.

– Antes fosse – respondeu Laís. *– Encontrei esse bilhete no lugar onde os livros recém-sumidos deveriam estar. E também algumas moedas de um real. Estranho, não?*

– Muito – admitiu Tomoko, pensativa. De repente, mais uma vez sua memória admirável entrou em ação.

– Lembrei, gente! – gritou, recebendo um olhar de reprovação de Laís.

– Esses bilhetes são trechos de um livro infantil que conta a história de crianças que roubam livros para doar para outras crianças que não têm nada – revelou Tomoko.

Tudo soava ainda mais esquisito. Eles pensaram bastante e chegaram à conclusão de que deveriam olhar melhor a lista de livros desaparecidos. Logo se deram conta de que apenas livros de histórias infantis tinham sumido.

Talvez fosse possível descobrir algo sobre a pessoa que estava levando os livros se pudessem compreender melhor o que ela vinha procurando. Por sorte, André tirou uma foto da lista. Depois, imprimiu-a na secretaria e passou-a para os demais agentes.

Nico, Olívia, Tomoko, Fred e André resolveram comparar a lista de livros que sumiram com o acervo de obras de ficção da biblioteca, que acessaram no computador do local, com a ajuda de Laís. Ao compararem os títulos, o que eles descobriram? Vá até as páginas 99 e 101 do livro, recorte o acervo da biblioteca e faça uma comparação com a lista a seguir.

LISTA DE LIVROS DESAPARECIDOS DA BIBLIOTECA SAFIRA

O queijo, o gato e o rato -
Lílian Caneco dos Santos

A bela preguiçosa -
Álvaro Muniz

Os doces maravilhosos do Senhor Careca -
Rebeca Albuquerque

A árvore que entendia tudo -
Marta Flávia Catarina

Os juízes do mundo
Aníbal Alencar Assis

Da janela de casa
Vitorino Macedo

Deserto laranja
Isaac Martins

O diário secreto de Alice - A história não contada -
Pedro Paulo Estandarte

Os coelhos coloridos do Natal -
contos de José Duarte de Oliveira

Pedro e suas luvas
Graça da Luz Remo

A menina que tirava fotos
Tibúrcio das Neves

Bananas voadoras
Henrique Marinho

O menino da escuridão
Felipe Pinto

O QUE VOCÊ CONCLUIU AO COMPARAR AS DUAS LISTAS?

....

....

Com a lista, Nico e os demais tiveram certeza de uma coisa: todos os livros que sumiam pertenciam às prateleiras do segundo corredor, aquele que abrigava os livros de literatura infantil. Outra questão que os intrigava era o motivo de a pessoa levar os livros.

– *Se fosse só para ler, a pessoa poderia devolver, né? E acho que são muitos livros para ler de uma só vez* – disse Nico.

– *E se ele ou ela estiver vendendo os livros?* – ponderou Fred.

– *Sobre a mensagem, mesmo sabendo que pertence a um livro, não vejo mais nenhuma outra relação com essa história* – afirmou Tomoko.

– *Deve ser uma mensagem secreta. Que tal a gente tentar decifrá-la?* – falou André.

– *Boa ideia!* – assentiu Tomoko, provocando expressões de espanto dos amigos. André e Tomoko nunca chegavam a um consenso.

– *Talvez essa seja a pista* – constatou Nico.

Tomoko, entretanto, ainda continuava incomodada:

– *Por que um ladrão daria pistas do que está fazendo?* – ponderou, enquanto pegava a cópia da mão de André.

Depois de muito debaterem, todos chegaram à mesma conclusão que Fred: a de que a pessoa vendia os livros.

– *Como são livros infantis, não pode ser alguém do Fundamental II ou do Médio* – afirmou André, tomando a cópia das mãos da amiga. – *Eles não leem histórias para bebezinhos.*

Tomoko o encarou com uma expressão furiosa, pois a garota gostava de ler literatura infantil. Antes que ela desse uma resposta atravessada para André, Nico cortou:

– *Outro dia ouvi a Lelê comentar que ela e os amigos estavam usando livros de literatura infantil em uma das aulas.*

Tomoko foi logo argumentando que se tratava de clássicos infantis e que até mesmo adultos poderiam querer lê-los. Ainda mais irritada, Tomoko puxou a cópia da mão de André a ponto de rasgar o papel. Enquanto isso, os demais tentavam acalmar os amigos.

INVESTIGAÇÃO EM RITMO LENTO

No fim de semana, Nico voltou ao asilo, agora com a mãe e Titi, mas não conseguiu descobrir muita coisa, exceto o nome correto do filho de dona Meire: Francisco, e não Fernando. Nome completo: Francisco Conejo Lourenço.

Volte à página 17 e complete a resposta.

A senhora estava de cama, se recuperando de um resfriado, e eles não puderam conversar muito. Além do mais, Nico não queria incomodá-la com assuntos que pudessem provocar lembranças dolorosas.

Após a visita, Nico foi encontrar André e Tomoko na sorveteria. Como não adiantava esquentar a cabeça, eles resolveram dedicar total atenção à investigação do sumiço dos livros. Conversando, chegaram à conclusão de que talvez fosse melhor pensar em uma perspectiva inversa. Em outras palavras, se a suspeita principal era a de que havia alguém vendendo os livros, então os Agentes DSOP deveriam tentar descobrir onde eram vendidos e, assim, chegariam ao culpado.

Fred e Olívia chegaram na sequência e ficaram de verificar se havia alguém comercializando livros no evento de empreendedorismo ou na feira de trocas e pechinchas que a escola organizava.

– *Será que devemos perder tempo com isso?* – argumentou Tomoko.

Por falta de ideia melhor, Nico, André, Olívia, Tomoko e Fred decidiram checar tanto a feira de empreendedorismo como a de trocas e pechinchas.

Nico aproveitou o celular de André para procurar informações sobre Francisco, o filho de dona Meire. Quem sabe teria mais sorte agora? Olívia, então, sugeriu que ele tentasse procurar pelos dois nomes ao mesmo tempo.

– *Vai que aparecia alguma coisa* – completou a amiga.

– *É uma pena que o meu avô esteja viajando a trabalho* – comentou. – *Ele costuma dar ótimos conselhos e com certeza teria boas ideias para a investigação. Não vejo a hora de ele voltar!*

Acostumados com a rotina da biblioteca, eles não conseguiam entender como os livros eram retirados de lá, pois era terminantemente proibido entrar no local com bolsas, pastas ou mochilas. Os alunos tinham de guardar os pertences em um armário, e quem não cumpria essa regra levava a maior bronca de Laís. A bibliotecária, aliás, andava bem desconfiada de Nico e sua turma, já que o grupo não saía mais do local, e os observava com atenção – inclusive rodeando frequentemente a mesa onde ficavam.

– Precisamos descobrir o mais rápido possível a identidade do ladrão, porque a dona Laís não tira mais os olhos de nós. Tenho medo de sermos acusados de algo que não cometemos – sussurrou Nico.

Na feira de empreendedorismo que acontecia a cada 15 dias na escola, não tinham conseguido nada. Ou melhor, quase nada, pois Fred havia engatado em um superpapo com Suzana, a amiga de Lelê que era fera em desenhar histórias em quadrinhos. Nico e André até conversaram com alguns alunos que participavam de clubes mensais de livros, do tipo que a pessoa paga uma taxa e recebe os títulos em casa, e com as crianças que realizavam trocas de gibis e obras infantis.

Mas, em ambos os casos, os livros não tinham sido adquiridos de uma pessoa específica. As crianças, aliás, se inspiravam no empreendedorismo de Suzana – que escrevia, desenhava e vendia suas histórias – e também criavam seus próprios gibis e livros.

No dia seguinte, durante o intervalo, os garotos voltaram a discutir as possibilidades para o caso. Nico procurava ouvir com atenção as opiniões dos amigos, mas outro assunto teimava em invadir seus pensamentos: dona Meire e sua vontade de reencontrar a neta, Fernanda.

– O que você acha, Nico? – quis saber Fred.

– Hein? Do quê?

– *Talvez a pessoa esteja vendendo os exemplares pela internet ou em algum sebo* – afirmou Fred.

– *Essa é uma boa teoria e pode até mesmo ser alguém do Fundamental II ou do Ensino Médio, já que passamos os intervalos separados deles* – justificou Olívia.

– *É, pode ser* – respondeu Nico, meio alheio à conversa.

Olívia aproveitou que Nico andava alguns passos à frente e cochichou com os outros:

– *Só eu tenho notado que o Nico anda um pouco distraído?*

– Não, eu também notei. Ele está escondendo alguma coisa – disse Tomoko. – O que você sabe sobre isso, André? – indagou a garota.

– Acho que está economizado para realizar algum sonho secreto, mas, toda vez que eu pergunto algo, ele desconversa – relatou André.

– Descobrir o sonho secreto de Nico e tentar ajudá-lo será, então, a terceira investigação extraordinária dos Agentes DSOP – declarou Fred.

André e Tomoko continuavam insistindo na teoria de que deveriam dar atenção à frase encontrada na biblioteca – eles tinham certeza de que o trecho do livro apresentava alguma mensagem codificada.

– Será que o papel já não estava dentro do livro? Vai ver que algum aluno que estava fazendo um trabalho sobre ele fez a anotação e acabou esquecendo.

– Não, Olívia, a dona Laís confere toda e qualquer obra que retorna à biblioteca depois do empréstimo – destacou Tomoko.

Alguns dias depois, para irritação de Tomoko, não demorou muito para que André voltasse a atormentá-la com mais uma de suas teorias malucas:

– Os alienígenas estão roubando os nossos livros para aprenderem sobre a cultura da Terra! Depois, eles vão se camuflar entre nós, humanos, e roubar o nosso planeta! – lançou.

Sem acreditar direito no que acabara de ouvir, Tomoko balançou a cabeça, estendeu as mãos para o alto e disse:

– E como os alienígenas vão roubar a Terra? Numa malinha? – perguntou, sarcástica. E arrematou: *– E com tantas bibliotecas no mundo, por que os alienígenas iriam querer roubar justamente a da nossa escola?*

Fred apareceu bem nesse momento e, vendo a irritação da Tomoko, se colocou entre os dois, tentando salvar André da fúria da amiga.

– *O que está acontecendo?* – quis saber Fred.

– *O de sempre* – respondeu Tomoko. – *André e suas ideias malucas de alienígenas.*

– *Calma, Tomokinha. Eu pensei bastante sobre o assunto. Muitas bibliotecas têm um esquema de segurança bem rígido. Se os alienígenas roubarem um pouco de cada biblioteca pequena do mundo, não chamarão a atenção das autoridades e passarão despercebidos pelo governo. É uma questão de segurança nacional.*

– *Ei, pessoal, tive uma ideia* – cortou Fred. – *E se a gente usar o seu celular, André, para fotografar quem entra na biblioteca?*

Dias depois de tirarem as primeiras fotos, os amigos se reuniram para analisar as imagens. Nico reparou em uma coisa curiosa. O que foi?

Vá até a página 103, recorte as fotografias que as crianças tiraram e descubra quem está agindo de forma suspeita. Após identificar quem é o suspeito, cole-o no espaço indicado na página.

AGENTES ENGRENCADOS

Então era esse o truque para tirar os livros da biblioteca: escondê-los dentro da roupa! Com a resposta para o mistério, Nico, Tomoko e André correram até a biblioteca para ver se encontravam a suspeita novamente. Porém, ao bisbilhotarem pela janela do local, perceberam que havia outra garota usando o mesmo artifício, isto é, escondendo os livros no casaco.

Tomoko entrou na biblioteca para verificar a suspeita mais de perto.

– *Agora faz todo o sentido. Uma única garota não iria conseguir retirar tantos livros sem ser notada* – refletiu Nico.

– *Eu não conheço a garota da foto, tampouco a que está na biblioteca*
– disse Tomoko.

– *Eu também* – concordou André. – *Mas ela parece ser do Fundamental I*
– completou.

– *Já sei. Vamos mostrar a foto dela para o Titi. Quem sabe ele a conhece?*
– disse Nico.

Na volta para casa, Nico pegou o celular do amigo e perguntou a Titi se ele sabia quem era aquela garota.

– *Ei* – disse Titi, parando de andar. – *Por que vocês têm essa foto?*

Estamos analisando os alunos que frequentam a biblioteca para identificar possíveis suspeitos – explicou André. – Você a conhece?

– *Não, ela deve estudar no primeiro ano. Mas por que ela seria uma suspeita?*

– *Preste atenção na roupa dela, Titi. Por que usar casaco se ultimamente tem feito o maior calor? Só pode ser pra esconder os livros!*

– *Que conclusão mais furada, Nico! E se a menina sentir mais frio do que os outros?*

– Não é uma conclusão, Titi, é apenas uma suspeita – garantiu o irmão.

Dona Carla deixou os irmãos em casa e foi embora com André. Depois de uma tarde que pareceu interminável, Nico finalmente conseguiu falar com Amadeu por videochamada. O avô contou que viajou para conhecer um rebanho de ovelhas que pretendia comprar.

– *E você, meu neto, quais são as novidades?*

– *Muitas lições de casa, mas não é esse o meu maior motivo de preocupação* – confessou Nico. – *Lembra a história que contei sobre a dona Meire do asilo?Descobri o nome do filho dela, mas apenas isso. Será que o senhor poderia me ajudar?*

– *É claro, Nico, me dê alguns minutinhos.*

Amadeu, então, fez várias tentativas em um site de busca, encontrou um perfil que parecia pertencer ao filho de dona Meire e decidiu mandá-lo por e-mail para os pais do Nico.

Infelizmente, na hora em que Amadeu foi enviar a mensagem, a internet dele apresentou problemas; quando voltou ao normal, o avô tinha enviado várias fotos para Nico – de perfis diferentes. Nico queria muito falar com o avô, mas a conexão ainda continuava ruim no sítio. O jeito foi Amadeu enviar uma mensagem com a descrição do perfil que considerava correto.

Vá até as páginas 105 e 107 do livro, recorte as imagens e descubra quem é Francisco Conejo Lourenço. Depois, cole a foto correta no livro. E não se esqueça de voltar à página 17 e completar o questionário sobre a família da dona Meire.

Mensagens do avô:
Não tem barba. Não usa chapéu. Não usa óculos. Não está com uma blusa amarela. Não tem cabelo loiro. Não é oriental.

Depois de analisar a mensagem, Nico se deu conta de que o homem apontado por Amadeu exibia várias características parecidas com as de dona Meire. Só poderia ser ele! Nico mandou uma mensagem de agradecimento ao avô, e Paulo sugeriu enviar uma para o filho de dona Meire, mas alertou Nico de que eles não poderiam fazer muito mais que isso.

– *Se ele não quiser responder, não poderemos fazer mais nada. Temos de respeitar a vontade dele* – orientou.

Antes de dormir, Nico refletiu sobre o assunto. Ele desejava muito que Francisco respondesse à mensagem para, assim, dar continuidade à realização de seu sonho.

Na escola, Nico e os outros continuavam a se revezar nos plantões na biblioteca. Laís ia à mesa deles para checar se estavam mesmo estudando. Nico percebia que a desconfiança da bibliotecária só aumentava. O jeito era estudar e ler cada vez mais, para disfarçar, sem deixar de prestar atenção nas pessoas que entravam no local. Mas, naquela semana, ninguém mais apareceu usando agasalho ou roupa de frio.

Nico sugeriu que eles também prestassem atenção na menina que fotografaram. Para tornar a investigação mais eficaz, resolveram que uma dupla ficaria de tocaia na biblioteca e um trio observaria melhor o pátio para tentar descobrir mais sobre as garotas: nome, em qual sala estudavam e quem eram os seus amigos.

Sempre que achavam uma brecha nas conversas, os amigos de Nico davam um jeitinho de arrancar mais informações do garoto sobre o seu sonho misterioso. Nico disfarçava, mudava de assunto e não abria nada para ninguém. Para aumentar sua já enorme ansiedade, até aquele momento, o suposto filho de dona Meire ainda não tinha respondido à mensagem de Paulo.

Alguns dias depois, quando a turma chegou à biblioteca, percebeu que outros livros tinham sumido. Além disso, os ladrões deixaram o seguinte bilhete:

"Ao notarem que as crianças da casa grande tinham quase nada, elas resolveram doar parte de seus livros para os novos amigos; assim, todos poderiam ouvir histórias gostosas antes de dormir, preenchendo o coração de alegria, felicidade e esperança."

– *Sei muito bem que vocês estão envolvidos no desaparecimento dos livros* – disse Laís, com uma expressão nem um pouco amistosa no rosto. – *Só não tenho como provar ainda. Prestem bem atenção: eu disse AINDA. Dou três dias para devolverem todos os livros. Caso contrário, informarei à diretoria e aos pais de vocês* – ameaçou.

– *Não somos culpados* – respondeu Nico. – *Não pegamos livro algum. Só viemos aqui para estudar.*

– *Três dias* – disse Laís.

E saiu pisando duro pelo corredor. Assustada, a turma se entreolhou.

– Era só o que faltava! Estamos tentando ajudar e vamos acabar nos metendo numa encrenca daquelas – lamentou Tomoko.

A turma não tinha o menor clima para passar a tarde na biblioteca, estudando.

E, para piorar a situação, eles tinham apenas três dias para resolver o caso que não resolveram em meses.

Como estavam sem ideias, optaram por resgatar pistas que não deram em nada para ver se encontravam coisas novas. Tomoko tratou de reunir todos os bilhetes que tinha guardado para ver se encontrava algum sentido entre eles.

– Não tenho a menor ideia do que isso significa.

André, que tinha continuado a tirar fotos das pessoas que frequentavam a biblioteca, propôs uma comparação de todas elas. Ao analisarem as imagens, os amigos notaram que um menino e uma menina clicados eram amigos de uma das garotas flagradas.

– Eles estão sempre juntos durante os intervalos. Só podem ser cúmplices dela – apontou Fred.

– É hora de tomar medidas mais drásticas. Temos apenas três dias para solucionar esse caso – anunciou Nico.

Juntos, elaboraram uma estratégia: toda vez que vissem alguma daquelas crianças entrando na biblioteca no recreio ou no horário da saída, disfarçadamente a seguiriam pelos corredores para tentar descobrir algo.

– Não podemos falhar. Temos de ficar muito atentos e conseguir provas – orientou André.

– Vamos precisar do seu celular, André. Só com provas podemos resolver a situação – concluiu Nico.

Ainda naquele intervalo, Titi se juntou a eles.

– *Você não tem comprado o lanche na cantina? Assim como o Nico, está economizado para algum tipo de sonho?* – perguntou Olívia ao ver Titi descascar uma banana que havia trazido de casa.

– *É, algo assim* – disfarçou Titi.

Conversa vai, conversa vem; em um certo momento, ele disse de forma enigmática para Tomoko:

– *Pelo bem das crianças da casa grande, tudo vale a pena.*

A menina não entendeu nada, mas, antes que Titi se explicasse, um amigo o chamou e ele saiu correndo para brincar.

ENFIM, AS PROVAS!

Nico soube pelo pai que o filho de dona Meire havia lhes dado uma resposta. Todavia, para enorme decepção do garoto, Francisco não demonstrou muito interesse em retomar o contato com a mãe.

– *Não entendo, pai... Por que ele não quer falar com a dona Meire?*

– *Filho, ele foi muito direto na resposta. Além do mais, esse assunto não é da nossa conta, não é mesmo? Eles devem ter algum problema familiar* – afirmou Paulo.

Nico refletiu por alguns minutos e depois disse ao pai:

– Quero pedir mais um favor. O senhor poderia mandar uma mensagem para a Fernanda, a neta da dona Meire? Talvez ela possa compreender melhor a situação da avó.

– Tudo bem, Nico, mas se ela também não estender o assunto, não vamos insistir mais, ok?

– Combinado. Só mais essa tentativa, então.

No dia seguinte, na escola, os agentes se prontificaram a seguir o plano assim que soou o sinal do intervalo. Nico e Olívia foram para a biblioteca e lá ficaram a postos, observando os suspeitos que passavam pela porta.

Não demorou muito para Nico dar um cutucão no braço de Olívia e sussurrar:

– *Está vendo aquela menina? – disse, espionando a garota entre os vãos da estante de livros.* – É amiga da garota que fotografamos.

Depois de folhear alguns títulos, a garota pegou um exemplar, levou-o até Laís, assinou o cartão de empréstimo e saiu. Nico e Olívia não a perderam de vista um segundo sequer e acabaram nem reparando em outro garoto que entrou e saiu sem despertar atenção.

– *Precisamos nos preparar melhor. Se a turma da menina do agasalho tem mesmo algo a ver com os roubos, eles são bem mais espertos do que nós* – admitiu Nico.

– *Pior é esperar até amanhã para colocar o plano em prática de novo* – lamentou Olívia.

No intervalo do dia seguinte, os cinco se dirigiram à biblioteca na hora do intervalo. O trato era que, caso mais de um suspeito surgisse por ali, cada um desse atenção a uma determinada criança da turma da garota do agasalho. Dessa forma, ninguém escaparia do radar deles.

Dito e feito: Fred rapidinho viu uma menina escondendo um livro disfarçadamente embaixo do braço! No entanto, como apenas André tinha celular, não conseguiu registrar o flagrante.

– *O único jeito é usar o celular do André para gravar quem consulta os livros infantis* – disse Tomoko.

– *Gravar? Mas como vamos fazer isso sem chamar a atenção da bibliotecária?* – questionou André.

– Precisamos deixar o celular ligado em um ponto estratégico sem que ela perceba – respondeu Tomoko.

– Isso pode dar certo... – assentiu Olívia. – *Ou muito errado! Se nos pegarem, vamos levar uma advertência. Pior: uma suspensão!*

Após levantarem todos os prós e os contras, eles concordaram em levar o plano adiante e listaram do que iriam precisar: celular do André, carregador, extensão, fita crepe para fixar o telefone em uma prateleira e boas desculpas para Nico e Tomoko, encarregados da parte mais tensa da missão: entreterem a bibliotecária.

Naquela noite, Nico escreveu uma mensagem para Fernanda.

Olá, Fernanda, tudo bem?

Meu nome é Domênico, mas todo mundo me chama de Nico.

Moro em Guatinga e estudo na Escola Rubi.

Outro dia, a escola realizou uma visita a uma casa de idosos para fazer um trabalho de escola e conheci uma senhora muito simpática, a dona Meire.

Conversamos muito e ela me contou que tem uma neta da minha idade e sentia muita saudade dela, pois não a vê há muito tempo.

Não sou nem quero ser intrometido, mas resolvi pesquisar sobre você e seu pai na internet, porque tenho certeza de que a dona Meire ficaria muito feliz com a sua visita. O que você acha?

Abraços, Nico.

Depois que terminou de escrever a carta, Nico mostrou para a mãe, Maria, que revisou tudo com o maior orgulho, não só pela maneira correta de se expressar do filho, mas também por perceber o quanto o seu coração era bom. Assim que acabou de jantar, ela mandou a mensagem para o pai da menina e pediu antecipadamente desculpas pelo novo incômodo, mas solicitou atenção às palavras de seu filho. Nico ainda nutria a esperança de que Francisco reconsiderasse suas opiniões e que permitisse que dona Meire reencontrasse a neta.

Nico e Tomoko chegaram à escola na manhã seguinte sentindo um misto de ansiedade e medo. Um pouco antes do momento do intervalo, Nico pediu para ir ao banheiro. Assim que ele saiu, Tomoko simulou um acesso de tosse e praticamente implorou para tomar água.

Quando Tomoko chegou à porta da biblioteca, Nico já a esperava. Suando frio, os dois entraram. Apesar de toda a sua timidez, Nico respirou fundo e foi puxar conversa com Laís.

– *O que vocês estão fazendo aqui em pleno horário de aula?* – questionou a bibliotecária.

– *Já terminamos a atividade, logo a professora nos deixou sair. É... Eu só gostaria de dizer uma coisa: não pegamos livro algum. A senhora precisa acreditar em nós* – argumentou Nico.

Enquanto Nico distraía a bibliotecária – que, aliás, não parecia nem um pouco convencida com toda aquela conversinha mole –, Tomoko aproveitava para instalar o celular no corredor 2 da biblioteca. Ela ligou o carregador com a extensão na tomada, prendeu tudo com a fita crepe e deixou o celular gravando. O sinal para o intervalo tocou e os dois, depois de se declararem novamente inocentes para Laís, saíram.

De longe, no pátio, Nico, Tomoko, Fred, André e Olívia passaram o intervalo observando a porta da biblioteca. Vários alunos entraram e saíram de lá, inclusive Titi. Nico cogitou avisar o irmão de que eles estavam do outro lado do pátio, e não na biblioteca, como de costume, mas os amigos acharam arriscado e isso poderia colocar tudo a perder.

Tomoko experimentou uma sensação desagradável ao ver Titi entrar na biblioteca, mas não soube identificar a razão. Para alegria geral dos agentes, os amigos da menina que usava agasalho no fatídico dia também entraram lá. Era uma questão de tempo até obterem provas da inocência da turma e, finalmente, decifrarem o mistério do sumiço dos livros

Assim que tocou o sinal, os cinco amigos correram para a biblioteca. André, Olívia e Nico, mesmo gaguejando e tremendo, conseguiram arrumar algum pretexto para puxar papo com Laís, para que Tomoko e Fred recuperassem o celular e os outros apetrechos. Tudo corria bem até que, na saída, a bibliotecária percebeu que eles tinham pegado alguma coisa. Os berros de Laís atraíram a atenção de um dos inspetores, que mandou os cinco para a sala da direção.

Apesar do constrangimento ocasionado pela situação, Nico e sua turma finalmente teriam a chance de esclarecer toda aquela história. Os Agentes DSOP seriam considerados os heróis da escola, assim como André tinha dito.

De repente, porém, Tomoko ficou muito pálida e olhou para André como se tivesse levado um choque.

– *Os bilhetes! Ai, minha nossa, agora eu entendi tudo!* – sussurrou.

– *Quais bilhetes, Tomoko?* – disparou André.

E você sabe o que Tomoko descobriu? Ao longo da história, os bilhetes misteriosos foram deixados no lugar dos livros furtados. Retorne às páginas do seu livro, encontre os bilhetes e escreva-os a seguir na ordem correta deles. Dica: a parte 1 do bilhete está no capítulo 1.

BOAS INTENÇÕES, MÁS ATITUDES

– O Titi faz parte do grupo de alunos que estão roubando os livros! Os bilhetes eram uma maneira de eles contarem que estavam ajudando outras crianças. Só que o último furto deve estar gravado no celular. O Titi vai ser pego! – refletiu Tomoko.

– *Siiim* – respondeu André, com os olhos arregalados e tão pálido como Tomoko.

A diretora, Maria Angélica, falava ao telefone e encerrou rapidamente a ligação quando a bibliotecária e os alunos entraram em sua sala. Sem papas na língua, Laís disparou:

– *Esses cinco aqui são os responsáveis pelo desaparecimento, ou melhor, pelo roubo dos livros na biblioteca. Consegui o flagrante agorinha mesmo!* – anunciou, ofegante.

Nico, Fred, Olívia, André e Tomoko começaram a falar ao mesmo tempo, em alto volume e apressadamente, tentando se defender. Como ninguém entendia ninguém, Maria Angélica fez um "psiu" espalhafatoso e deu a palavra a Tomoko.

A garota ficou muito vermelha e começou a gaguejar ao tentar explicar que eles não eram ladrões: apenas queriam saber quem eram os verdadeiros responsáveis pelo sumiço dos livros.

– *Deixamos um celular filmando um dos corredores da biblioteca na hora do intervalo para descobrir quem estava pegando os livros...* – revelou. – *Mas não precisa ver as imagens, dona Maria Angélica, porque nós mesmos vamos conversar com os envolvidos e resolver tudo* – completou, para espanto de Nico.

– *Como assim, ela não precisa ver as imagens?* – murmurou Nico.

– *É, nós vamos convencê-los a devolver cada um dos livros* –emendou André, deixando Nico ainda mais confuso.

– *Acho que não compreendi muito bem* – cortou a diretora. – *Vocês realizaram filmagens dentro da escola? E sem o consentimento das pessoas filmadas?*

Os amigos abaixaram a cabeça.

– *É terminantemente proibido fazer fotos ou filmagens nas dependências da escola, ainda mais sem a autorização dos envolvidos* – explicou a diretora.

A balbúrdia recomeçou.

– *Se a senhora quiser, pode revistar as nossas coisas. Não pegamos livro algum, acredite* – disse Olívia à diretora.

A bibliotecária soltou um resmungo. Maria Angélica pediu silêncio novamente e continuou o sermão:

– *Por melhor que tenha sido a intenção de vocês, não justifica infringir uma regra.*

Nico sugeriu que, ao menos, ela visse o vídeo para ter a certeza de que eles podiam ter errado, sim, mas não eram ladrões. Maria Angélica concordou e fez um gesto para a turma, solicitando o aparelho.

As imagens mostravam uma sucessão de pessoas entrando e saindo de um dos corredores da biblioteca. Na sequência, Titi entrou nela, pegou um livro e o escondeu sob a camiseta.

Nico olhou para os amigos e aí entendeu a razão da palidez de André e dos modos estranhos de Tomoko. Olívia e Fred estavam boquiabertos.

O vídeo ainda mostrou uma menina e um menino do segundo ano fazendo a mesma coisa e saindo da biblioteca. Ao fim da exibição, Nico desejou com todas as forças que os alienígenas de André o raptassem e o levassem para outro planeta.

– *Isso tudo só pode ser um pesadelo!* – o garoto balbuciou para Tomoko.

A diretora agradeceu aos cinco alunos pelos esclarecimentos e disse que eles seriam advertidos por filmarem indevidamente dentro da escola.

– Laís, considero de suma importância termos uma conversinha sobre o quão grave é acusar crianças de algo sem ter provas. Agora, acho que elas merecem um pedido de desculpas, não?

– Desculpem-me, crianças.

Levando as crianças, Laís começou a sair da sala, mas não antes de Nico retornar à mesa e perguntar o que aconteceria com o irmão dele.

– Domênico, nosso assunto está encerrado. Aconselho que retorne à classe imediatamente. Eu preciso tomar providências.

Nico e os demais não abriram a boca o resto da aula. Nenhum deles se conformava com a resolução extremamente infeliz do mistério. Um pouco antes de a aula terminar, os cinco amigos foram chamados para outra conversa na sala da direção. No caminho, Tomoko explicou a Nico sobre os bilhetes deixados por Titi:

– Ele estava tentando nos dar dicas de que a história toda não era tão ruim quanto parecia, Nico. Antes de julgar, tente confiar nele. Ou, pelo menos, escutá-lo – aconselhou.

Quando chegaram à sala de Maria Angélica, se depararam com Paulo, Maria, Carla e todos os outros pais. A diretora contou o ocorrido, ressaltando o fato de que filmar ou fotografar às escondidas dentro da escola era algo inadmissível.

Após todos serem dispensados, Paulo e Maria continuavam em pé na sala da diretora. Nico teve de ficar do lado de fora, esperando seus pais saírem, e viu quando Titi e outras crianças chegaram.

O garoto ainda tinha na mochila outras fotografias dos possíveis responsáveis pelo sumiço dos livros. Nico notou que alguns deles estavam na sala da diretora e resolveu confirmar suas suspeitas.

Compare as sombras das crianças com a imagens dos suspeitos que estão nas páginas 111 e 113. Recorte-as e cole-as por cima das sombras e descubra quem estava envolvido naquela confusão toda.

NOVOS PLANOS

Cerca de 40 minutos se passaram. Os pais de Nico saíram muito tristes da sala. Titi, por sua vez, não tirava os olhos do chão. Nico logo quis saber o que estava acontecendo, mas Paulo e Maria disseram que conversariam com os filhos em casa. Ao cruzar o portão da escola, Nico viu outros alunos e pais também indo embora.

Ninguém falava nada. Puxa, que dia difícil! Assim que entraram em casa, Nico perguntou o que tinha acontecido com Titi na sala da coordenação.

– *Não é da sua conta!* – retrucou Titi. – *Aliás, pare de se meter onde não é chamado! Se você não fosse um enxerido, nada disso teria acontecido!*

– *Ah, é? Quem mandou você e seus amiguinhos pegarem os livros da biblioteca?* – revidou Nico, nervoso.

– *Você não sabe de nada, Nico.*

– *Ei, vocês dois, podem parar com essa briga agora mesmo!* – interveio Maria.

– *Sentem-se já no sofá, quietos, e tratem de nos escutar* – advertiu Paulo.

Os pais dos dois, então, explicaram que estavam muito aborrecidos com tudo o que tinha acontecido, mas se sentiam ainda mais tristes por nenhum dos meninos conseguir compreender a gravidade de suas ações.

– Você e sua turma, Nico, filmaram e fotografaram outros alunos às escondidas, sem que ninguém soubesse. Mesmo que a intenção tenha sido descobrir quem estava roubando os livros, precisam entender que os fins não justificam os meios. Cometer uma atitude má para desmascarar outra não é certo – afirmou Maria.

– E você e seus amigos, Titi, cometeram furtos – prosseguiu Paulo.
– Achamos louvável a preocupação de vocês em levar livros para as crianças do orfanato, já que elas têm poucas coisas com as quais se distraírem, mas não é por meio de um roubo que se pratica a caridade.

Finalmente, Nico entendeu o propósito de Titi. E, assim como Tomoko, compreendeu o sentido das mensagens plantadas pelo irmão no mural da biblioteca:

– *Agora entendi, Titi. Os bilhetes eram pistas de que vocês estavam tentando fazer a coisa certa. Por isso, para não deixarem a biblioteca desfalcada, vocês só pegavam os livros que tinham mais de um exemplar* – disse Nico.

– *Sim* – confirmou Titi. – *Achávamos que ninguém sentiria falta se sumissem somente os repetidos.*

Paulo explicou que a atitude de Titi e dos colegas poderia ter provocado a expulsão deles da escola, pois era muito grave.

– *A diretora, no entanto, levou em consideração a causa nobre que motivou o roubo. E, claro, a imaturidade de achar que não havia mal algum nessa atitude. Por isso, todos foram punidos apenas com um dia de suspensão. E, obviamente, terão de devolver todos os livros* – contou Paulo.

– *E você, Nico, já sabe: em vez de um dia de suspensão, levou uma advertência. Espero que tenha aprendido que não pode quebrar regras por ter boas intenções. Outras pessoas podem acabar prejudicadas* – afirmou Maria. – *Você vai ficar de castigo em casa neste fim de semana. Titi, você também não vai poder sair, mas por duas semanas. Espero que usem esse tempo para refletir sobre o que fizeram.*

– *Só mais uma coisa* – disse Paulo. – *Quando tiverem dúvida a respeito de algo ou quiserem ajudar alguém sem saber direito de que maneira, venham conversar com a gente.*

– Titi, em nenhum momento eu quis prejudicar você – falou Nico. *– Só entendi o recado que você quis nos dar com as mensagens quando era tarde demais. Mas você sabe, no fundo, que o que fez não foi certo, né? Eu também agi mal, sei disso.*

– Eu sei – retrucou Titi. *– Mas estou triste, porque as crianças do orfanato não têm muitos brinquedos... E agora vão ficar sem livros.*

– A ideia de pegar os livros escondidos foi sua?

– Sim. Lembra que no ano passado uma menina procurou os Agentes DSOP para denunciar o desaparecimento de alguns livros da biblioteca? – perguntou.

– Na verdade, descobri que esses livros não haviam sumido; apenas tinham sido encaixotados para uma faxina de fim de ano e depois recolocados na prateleira.

– Quando visitei o orfanato e vi que as crianças de lá tinham poucos brinquedos e poucos livros, me lembrei desse episódio... E me lembrei também de ter visto alguns títulos repetidos. Achei que ninguém notaria a ausência deles; por isso, convenci meus amigos a pegá-los. O resto você já sabe. Ah, mais uma coisa: nós tentamos pagar de alguma forma pelos livros.

– Como assim?

– De vez em quando, um de nós deixava algumas moedinhas no lugar do livro... Por isso, eu estava economizando o dinheiro do lanche.

– Puxa, Titi, você deveria ter conversado comigo... Talvez eu pudesse ajudar.

– Nico, você sempre ajuda as pessoas e tem boas ideias. Eu queria fazer do meu jeito dessa vez, sabe? Queria que sentisse orgulho de mim. Por que eu não poderia tentar resolver um problema, assim como você vem fazendo com o caso da dona Meire?

Nico se sentiu ainda mais culpado por tudo. Depois de alguns minutos de silêncio, ele sentou-se na cama do irmão, colocou os braços em volta dos ombros dele e prometeu a si mesmo que pensaria em alguma maneira de ajudar Titi a realizar o sonho de ajudar as crianças do orfanato.

No dia seguinte, no recreio, Nico revelou aos amigos as razões que motivaram Titi e as outras crianças a roubarem os livros.

– *Era por isso que ele vivia indo atrás da gente na biblioteca* – concluiu André.
– *O objetivo era não só nos distrair, mas também descobrir se estávamos desconfiando de algo.*

– *E ele deve ter avisado os amigos das nossas suspeitas sobre a menina do agasalho. Ninguém mais usou roupas de frio a partir daquele dia. Eles escondiam os livros por baixo da camiseta, mesmo* – ponderou Fred.

Todos passaram o resto do intervalo calados, entretidos com os próprios pensamentos, exceto Olívia, que apresentou uma proposta bem interessante:

– O que vocês acham de a gente promover uma campanha na escola para arrecadar brinquedos e livros para as crianças do orfanato?

– *Ótima ideia, Olívia!* – vibrou Nico. – *Podemos fazer uma festa, com apresentações dos alunos, por exemplo, e chamar também as pessoas do bairro.*

– *Acho que a festa poderia acontecer no mesmo dia da feira de empreendedorismo, assim conseguiremos ajudar um número ainda maior de pessoas* – sugeriu Fred.

Nico completou:

– *Podemos convidar alguns idosos do asilo com melhores condições de saúde, como a dona Meire, para virem à festa.*

– *E que tal aproveitarmos o evento para incentivarmos as pessoas a contribuírem não só com coisas materiais para o asilo, mas também com visitas?* – propôs André.

– *Gente, muita calma nessa hora!* – alertou Tomoko, a mais pé no chão da turma. – *Antes de mais nada, temos de planejar tudo com calma, nos mínimos detalhes, para apresentar a proposta à coordenação da escola.*

– *O Titi e os amigos podem dar algumas ideias e participar da organização. Afinal de contas, não há ninguém mais interessado em ajudar o orfanato do que o seu irmão, Nico* – disse André.

Em casa, Nico contou a ideia para Titi, que, evidentemente, ficou empolgadíssimo.

Naquela noite, Amadeu chamou Nico para uma videochamada. Ele já estava a par de tudo o que havia acontecido e disse que os netos haviam ultrapassado os limites do bom senso em suas missões, mas tinham aprendido lições importantes. Nico contou a ele sobre a ideia de Olívia que havia se transformado em um sonho coletivo.

O avô adorou a notícia. Ao fim da chamada, Nico sentiu que havia chegado a hora de colocar em prática um outro sonho que vinha cultivando, um que deixaria dona Meire muito contente.

No primeiro fim de semana após o término do castigo, Nico pediu a Maria que o levasse ao asilo para visitar dona Meire. Ele havia colocado um vale-passagem em um envelope lilás, a cor favorita da senhora, e o amarrado com uma fita de cetim rosa.Ao abrir a surpresa, dona Meire ficou com os olhos encharcados de lágrimas:

– *Que belo presente, meu querido!*

– *Sua generosidade vai lhe proporcionar coisas muito boas na vida, Nico* – disse ela, abraçando Nico.

Recorte, na página 115, os pedaços do quebra-cabeça e junte as informações da tabela para descobrir qual foi o presente que Nico deu para dona Meire.

GUATINGA | VALE DO SOL | DEZEMBRO | 16:10 | 20:50 | 07

JANELA | COMETA AMARELO | IDA | VOLTA | 10:10 | 14:50

JANELA | GAVIÃO | AZUL | 08 | GUATINGA | VALE DO SOL

- Minha neta ainda mora do Vale do Sol?

- Sim, dona Meire. Se a senhora quiser, pode enviar a passagem para ela vir até aqui e visitá-la - respondeu Nico.

SONHOS REALIZADOS

Nas semanas seguintes, a escola inteira se envolveu nos preparativos da festa beneficente. Algumas salas ficaram responsáveis por preparar a decoração da escola; outras, os cartazes de divulgação. A classe de Titi e de seus amigos se encarregaram de enfeitar as caixas que receberiam as doações: para entrarem no evento, as pessoas teriam de doar um livro infantojuvenil ou um brinquedo em bom estado.

Nico e os demais colegas de sala foram incumbidos de decorar o ginásio. André sugeriu enfeitar o espaço com motivos relacionados ao universo – planetas, estrelas e, obviamente, naves alienígenas.

– *Nem pensar* – discordou Tomoko. – *Vamos pregar nas paredes cartazes com personagens famosos e trechos de livros.*

– *E se a gente o enfeitasse com desenhos de brinquedos como pião, bambolê, bonecas, bolas de futebol?* – perguntou Fred.

Olívia, com seu temperamento pacífico e conciliador, foi quem teve a palavra final:

– *Não vai haver um único tema. Nós vamos decorar o ginásio com alienígenas, livros e brinquedos.*

Nico e os demais acharam que o resultado daquela mistureba toda seria um visual estranhíssimo, mas, no fim das contas, a sacada de Olívia funcionou: o ginásio ficou colorido e divertido.

E, finalmente, o dia da tão esperada festa beneficente chegou. Nico, os outros agentes e Titi e sua turma chegaram bem cedo, pois tiveram de ajudar os professores a resolverem alguns imprevistos, como reorganizar alguns elementos da decoração que tinham caído devido à ventania da madrugada. Além de lidarem com os últimos preparativos, as crianças queriam se certificar de que tudo daria certo e de que atingiriam o objetivo: arrecadar uma boa quantidade de roupas, brinquedos e livros para doar ao orfanato.

Conforme sugerido por Fred, vários alunos que participavam da feira de empreendedorismo da escola fizeram inscrição para divulgar e vender seus produtos e serviços na festa. Um dos estandes mais visitados foi o de Suzana, que tinha aprimorado muito o estilo e inventava histórias em quadrinhos cada vez mais criativas.

Os funcionários da cantina trabalharam bastante para que ninguém passasse fome ou sede e montaram barracas com vendas de comidas saudáveis, sucos, vitaminas e água.

Muita gente prestigiou o evento; a escola ficou cheia o dia todo. Familiares, vizinhos e amigos dos alunos se divertiram bastante com os espetáculos apresentados, bem variados e interessantes.

Lelê cantou e dançou ao lado de duas meninas de sua sala e arrancou muitas palmas – o público até pediu bis! Tomoko e sua família mostraram um número de equilibrismo; Cássio, amigo de Titi, tocou violino, comovendo os presentes; André se arriscou a contar uma história sobre alienígenas e, ao contrário do que esperava, fez o maior sucesso; Olívia levou uma pequena rampa portátil e arrasou em uma apresentação inovadora de skate; Nico, acanhado como era, resolveu permanecer nos bastidores, ajudando os amigos a se prepararem para seus números.

No palco, prestes a começar sua apresentação, Tomoko avisou Nico:

– Ei, Nico, acho que o pessoal do asilo chegou!

Para sua imensa felicidade, Nico logo reconheceu dona Meire entre os convidados. E ela não estava sozinha: segurando carinhosamente a sua mão, havia uma menina da idade de Nico.

– *Linda festa, Nico!* – elogiou dona Meire. – *Não poderia esperar algo melhor de um garoto tão esperto como você. Essa linda menina ao meu lado é a minha tão falada netinha Fernanda.*

A menina sorriu e o cumprimentou, agradecendo-lhe ainda o fato de ele ter mandado o e-mail e o vale para a compra das passagens.

Dona Meire explicou brevemente que o pai de Fernanda, Francisco, e seu outro filho, Geraldo, haviam brigado no passado. Francisco passou anos achando que a mãe tinha ficado do lado do irmão, e não do dele, e optou por se afastar de todos.

– *Na verdade, não fiquei do lado de ninguém, pois nem sequer sabia desse mal--entendido, porque Geraldo continuou a me visitar na casa de repouso. Com a sua iniciativa de procurar a Fernanda, tivemos a chance de nos reaproximar e de conversar, Nico. Meus filhos conversaram e até fizeram as pazes.*

As emoções, no entanto, não pararam por aí: uma pessoa muito querida, vô Amadeu, tinha vindo de Lagoa Branca até Guatinga para prestigiar os netos.

– *E trouxe uma surpresa para você, Nico...* – anunciou.

– *Tchan-tchan-tchan-tchan!!* – gritou Isabela, saindo de trás de Amadeu. Nico mal podia acreditar: desde dezembro não via a amiga que morava em Lagoa Branca e morria de saudade dela.

Ninguém naquela escola, no entanto, sentia mais satisfação e alegria do que Titi, pois as caixas de arrecadação estavam repletas de brinquedos e livros. Além disso, o pai de um dos alunos, dono de uma fábrica de tintas, se prontificou a fazer alguns reparos e a pintar de graça as instalações do orfanato.

No fim da festa, a diretora subiu ao palco para agradecer a presença de todos, anunciar os resultados positivos do evento beneficente e fazer um comunicado importante:

– Vários de nossos alunos vivenciaram aprendizados importantes recentemente. Não me refiro aos curriculares, comuns a qualquer escola, mas a experiências transformadoras, enriquecedoras. Alguns cometeram equívocos, é importante ressaltar, mas às vezes, na busca da realização dos nossos sonhos, erramos para tentar acertar. O importante é crescer com isso e, pelo o que eu vejo, ou melhor, pelo que todos nós podemos ver aqui hoje, esses alunos aprenderam lições valiosas.

Todos aplaudiram.

– Por essa razão – prosseguiu – *decidimos que os alunos vão entregar pessoalmente os brinquedos e os livros doados às crianças do orfanato.*

– Vou sugerir para meu pai que a gente se mude para Guatinga. Quero estudar aqui; essa escola é o máximo! – disse Fernanda.

Antes de se despedir, a diretora divulgou a data da entrega das doações ao orfanato e disse que as crianças teriam um ônibus à disposição para levá-las e transportar os presentes.

Ao fim daquele dia, Nico, Olívia, Fred, Tomoko e André se sentiam exaustos, mas felizes e realizados com a sensação indescritível de terem cumprido suas missões e ajudado a realizar sonhos.

– *Ser um Agente DSOP realmente tem valido a pena* – comentou Nico.

– *Viram só? Os alienígenas têm muito a aprender com a gente* – completou André.

Até Tomoko soltou uma gargalhada.

APÊNDICE

O QUE NICO DESCOBRUIU AO LER A CARTA?

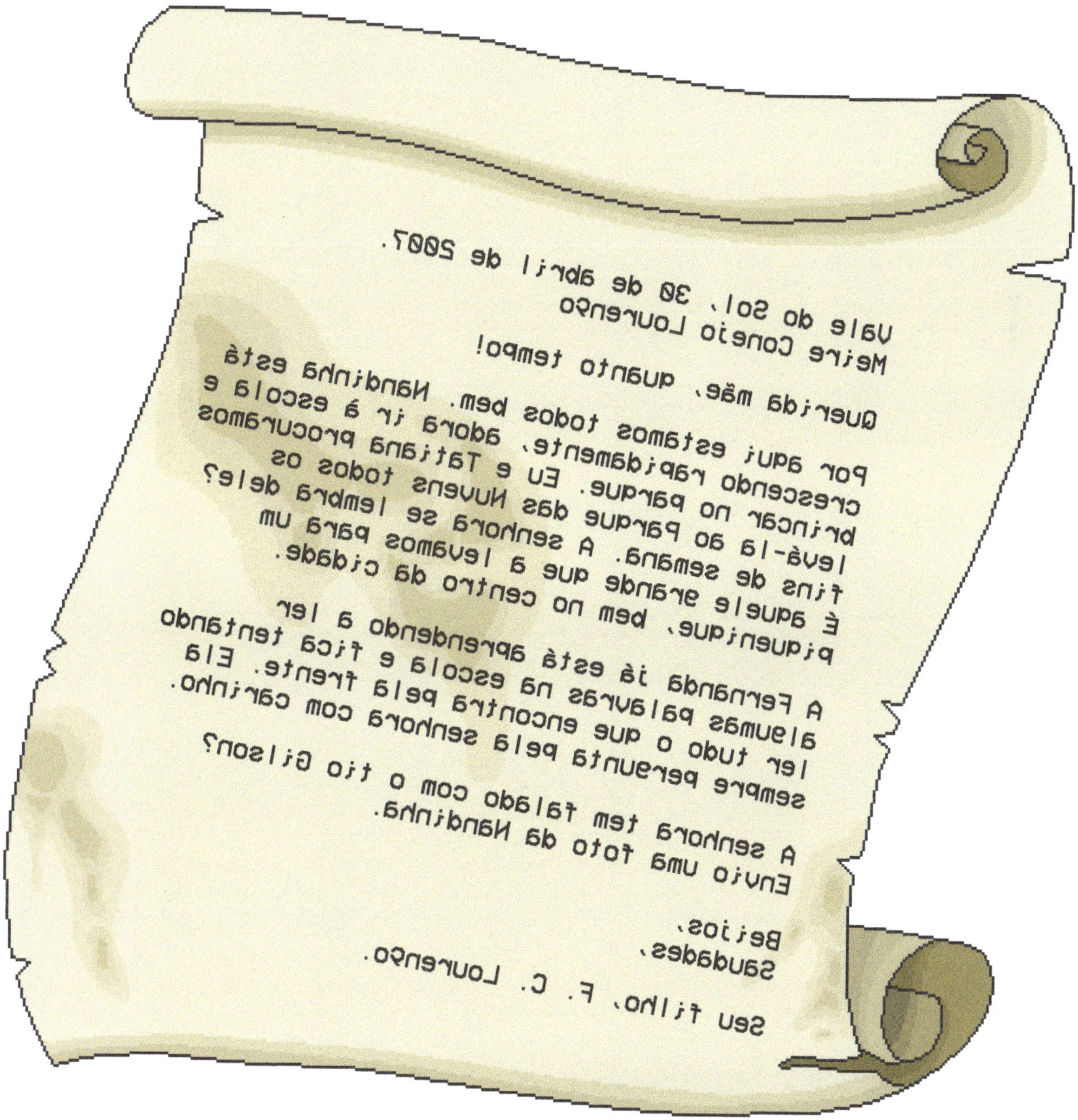

ACERVO INFANTIL DA BOBLIOTECA SAFIRA

O queijo, o gato e o rato
Lílian Caneco dos Santos - 2

A bela preguiçosa
Álvaro Muniz - 2

O diário secreto de Alice
Pedro Paulo Estandarte - 2

Os doces maravilhosos do Senhor Careca
Rebeca Albuquerque - 2

Os coelhos coloridos do Natal
contos de José Duarte de Oliveira - 2

A árvore que entendia tudo
Marta Flávia Catarina - 2

Os juízes do mundo
Aníbal Alencar Assis - 2

Da janela de casa
Vitorino Macedo - 2

Pedro e suas luvas
Graça da Luz Remo - 2

A menina que tirava fotos
Tibúrcio das Neves - 2

O caixote azul
Rafaela Sá - 1

O vestido amarelo
Renata Sampaio - 1

Um dia na vida de Carla
Thomas Antônio Reis - 1

Nem eu, nem você, nem nossa banda de pagode Júlio Moreno - 1

Bananas voadoras
Henrique Marinho - 2

O menino da escuridão
Felipe Pinto - 2

Coração de robô
Humberto Xavier - 1

Tempos remotos
Úrsula Guerra - 1

Deserto laranja
Isaac Martins – 2

Calendário de mentira
Nazaré Carvalho - 1

Sem bateria
Carina Baptista - 1

Crônicas de um avestruz – vol. 1
Cristiano Rabelo Serpa – 1

Crônicas de um avestruz – vol. 2
Cristiano Rabelo Serpa – 1

Crônicas de um avestruz – vol. 3
Cristiano Rabelo Serpa – 1

Um final improvável
Danilo Cláudio Das Torres – 1

Um mundo de hidrocor
Edna Soares – 1

Um "boa noite" para você também
Camila Justino – 1

Taylor, o cachorro roxo
Walter Queiroz Jr. – 1

Bonecos de linha
Leonardo Leão Forte – 1

Taylor, o cachorro roxo
Walter Queiroz Jr. – 1

Bonecos de linha
Leonardo Leão Forte – 1

O mistério da jarra prateada
Luiz Barbosa Aldo – 1

Escorpiões sem ferrão
Estela Campos – 1

O sapo, o arroz e as borboletas
Taís Leminski - 1

O caçador de luzes
Silvio Franco - 1

Os amigos do bairro francês
Nilsa Leite Polessa – 1

QUAL DAS CRIANÇAS ESTÁ AGINDO DE MANEIRA SUSPEITA?

QUEM É FRANCISCO CONEJO LOURENÇO?

Era uma vez uma casa muito grande. Naquela casa, moravam muitas crianças e nenhum adulto. Toda noite, antes de dormirem, as crianças ouviam uma história.

As crianças mais velhas liam em voz alta, enquanto as demais escutavam em silêncio, e as únicas luzes acesas eram as dos abajures.

Porém, como eram pobres, as crianças dessa casa enorme tinham poucos livros e, rapidamente, as histórias acabaram.

Do outro lado da rua, havia outra casa e um grupo menor de crianças. Eles tinham de tudo, inclusive uma biblioteca enorme, recheada de livros – alguns até repetidos –, e podiam ler e ouvir histórias de reis, magos, princesas e animais da floresta.

Ao notarem que as crianças da casa grande tinham quase nada, elas resolveram doar parte de seus livros para os novos amigos; assim todos poderiam ouvir histórias gostosas antes de dormir, preenchendo o coração de alegria, felicidade e esperança.

QUAIS CRIANCAS ESTAVAM ENVOLVIDAS NO SUMIÇO DOS LIVROS?

TITI

CAROLINA

MATHEUS

IGOR

CLAUDIA

RENATO

CAIO

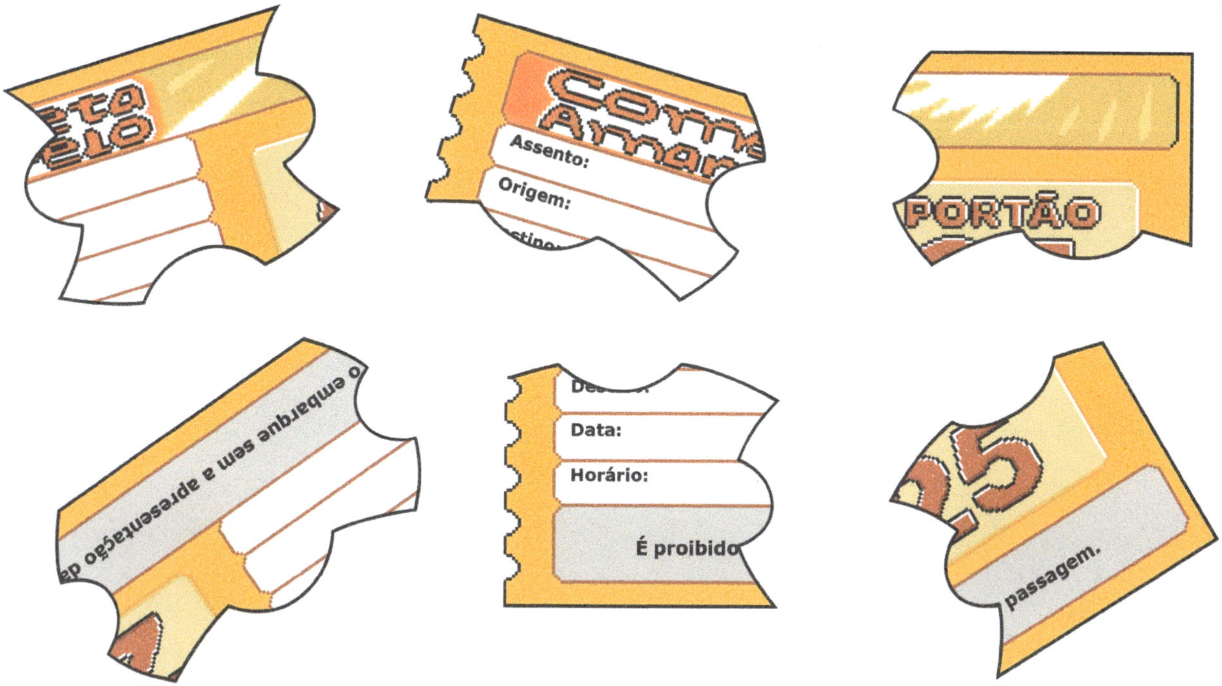
Assento:
Origem:
PORTÃO
o embarque sem a apresentação de
Data:
Horário:
É proibido
passagem.

RESPOSTAS

PÁGINA 17

1)Quem escreveu a carta?
Resposta: o filho de dona Meire.
2)Qual o nome do parque que eles frequentam?
Resposta: Parque das Nuvens.
3)Qual o nome completo da avó da Fernanda?
Resposta: Meire Conejo Lourenço.
4)Qual o nome completo do pai da Fernanda?
Resposta: Francisco Conejo Lourenço.

PÁGINA 25

Apenas os livros dos quais havia dois exemplares sumiram.

PÁGINA 37

Todas as pessoas nas imagens estão com roupas de calor. Exceto uma garota ruiva, que vestia um enorme casaco de frio.

PÁGINA 42

Francisco Conejo Lourenço é o homem negro com cabelo curto, sem chapéu e sem óculos, vestindo uma camiseta azul.

PÁGINA 59

Os bilhetes, na ordem correta, estão nas páginas:

Parte 1 – página 08
Era uma vez uma casa muito grande. Naquela casa, moravam muitas crianças e nenhum adulto. Toda noite, antes de dormirem, as crianças ouviam uma história.

Parte 2 – página 11
As crianças mais velhas liam em voz alta, enquanto as demais escutavam em silêncio, e as únicas luzes acesas eram as dos abajures.

Parte 3 – página 14
Porém, como eram pobres, as crianças dessa casa enorme tinham poucos livros e, rapidamente, as histórias acabaram.

Parte 4 – página 22
Do outro lado da rua, havia uma casa e um grupo menor de crianças. Eles tinham de tudo, inclusive uma biblioteca enorme, recheada de livros – alguns até repetidos –, e podiam ler e ouvir histórias de reis, princesas e animais da floresta.

Parte 5 – página 45
Ao notarem que as crianças da casa grande tinham quase nada, elas resolveram doar parte de seus livros para os novos amigos; assim, todos poderiam ouvir histórias gostosas antes de dormir, preenchendo o coração de alegria, felicidade e esperança.

PÁGINAS 68 E 69

As crianças envolvidas no sumiço dos livros são Titi, Carolina, Matheus e Igor.

PÁGINA 83

Nico juntou dinheiro para comprar passagens de ônibus para que a neta, Fernanda, pudesse visitar dona Meire no asilo de Guatinga.

©Wellington Nemeth

Reinaldo Domingos nasceu em Casa Branca, interior de São Paulo. Filho de pai ferroviário e de mãe autônoma, aos 12 anos de idade realizou o primeiro dos seus muitos sonhos: comprar uma bicicleta. Atualmente, é PhD em Educação Financeira e mentor de uma metodologia comportamental, a Metodologia DSOP, que vivenciou a partir dos seus 12 anos, sobre como é possível realizar todos os sonhos – materiais ou não materiais.

Autor do *long-seller Terapia Financeira* e de diversos outros livros, publicou as séries *O Menino e o Dinheiro* e *O Menino do Dinheiro*; e os livros *O Menino do Dinheiro em Cordel; Ter Dinheiro Não tem Segredo; ABCD da Educação Financeira, Mesada não é só Dinheiro, Sabedoria Financeira, Papo Empreendedor* e a série *Dinheiro Sem Segredo*. É autor, ainda, de duas Coleções Didáticas de Educação Financeira para o Ensino Básico; E também é autor do mais novo lançamento da Editora DSOP, a *Coleção dos Sonhos para Educação Financeira*, que faz parte dos programas "Descobrir", "Explorar", "Expandir" e "Construir", adotada por diversas escolas públicas e privadas.